PÉTITION

A LA CHAMBRE DES DÉPUTÉS,

PAR

M. P. BARTHÉLEMY,

A L'EFFET D'OBTENIR LA RÉINTÉGRATION A L'INSTITUT

DE

MM. GRÉGOIRE, ARNAULT et ÉTIENNE.

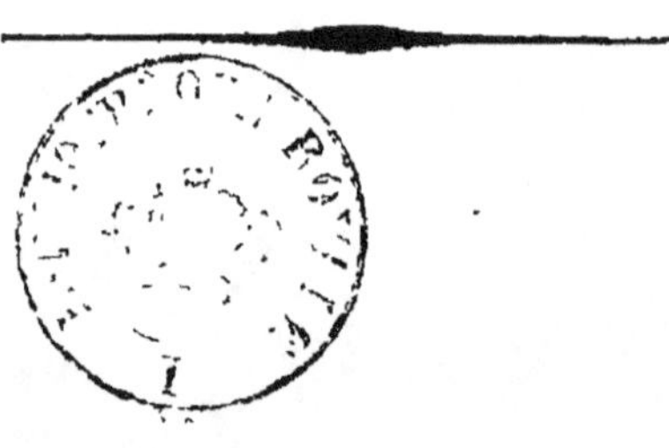

A PARIS;

CHEZ LES MARCHANDS DE NOUVEAUTÉS.

1822.

IMPRIMERIE DE MADAME VEUVE J.-L. SCHERFF,

PASSAGE DU CAIRE, N°. 54.

A Messieurs les Membres

de

La Chambre des Députés.

Messieurs les Députés,

C'est au nom de l'honneur national, au nom des sciences et de la littérature dont on a méconnu les droits que je viens m'adresser aux Députés de la France. Ce n'est pas de moi qu'il s'agit, ce n'est point un intérêt privé qui me fait élever la voix; les titres les plus imprescriptibles, ceux que donnent les lumières et le génie, ont été foulés aux pieds. Députés de la France, c'est pour réparer une injustice que j'invoque aujourd'hui votre assistance et votre appui, je suis certain de les obtenir.

Je réclame contre un acte du ministère de 1816 (1), contre un acte qui blesse l'orgueil de la fille aînée de nos Rois, et qui semble marquer du sceau de la réprobation des hommes honorés de l'estime, de l'amour, de la confiance de leurs concitoyens, et dont l'un a l'honneur de siéger parmi vous ; je demande, Messieurs les Députés, la réintégration à l'Institut de MM. Grégoire, Arnault et Etienne.

Pendant les malheureuses époques de 1815 et 1816 des mesures de rigueur, qui ont laissé dans le cœur des Français des souvenirs amers, ont porté le deuil et le désespoir dans beaucoup de familles : le sang a coulé : la fuite a dérobé plusieurs infortunés au supplice qui les attendait : la proscription a éloigné de leur patrie, de leurs parens, de leurs amis, des hommes que leurs opinions seules avaient désignés à la vengeance de l'esprit de parti ; des Pairs même furent dépouillés de leurs prérogatives. Tirons un voile épais sur ces pages de notre histoire, et faisons des vœux

____

(1) 21 mars 1816.

pour que désormais la fusion des partis étanche cette soif de sang et de larmes. Loin de moi l'idée de rappeler ces scènes affligeantes ; si je suis forcé d'y reporter un instant mes regards, c'est pour les ramener ensuite sur ces temps moins orageux où la justice des tribunaux réguliers et des ordonnances réparatrices ont rendu à la nation et à leurs amis des Français errans trop longtemps sur la terre d'exil.

En effet, Messieurs les Députés, ceux des nobles Pairs qui furent en 1815 dépossédés de leurs dignités (1), ont ensuite recouvré leurs honneurs, grades, titres et prérogatives.

Les noms inscrits sur la sanglante liste des 18 (2) sont à jamais effacés des tables de proscription ; jouissant de tous leurs droits de citoyens, ils sont rendus aux vœux de leurs compatriotes qui les ont toujours attendus parce qu'ils n'ont jamais douté de leur innocence et de la justice de leur cause.

C'est avec joie que les Français peuvent compter de nouveau parmi eux un grand.

---

(1) Ordonnance du 24 juillet 1815.
(2) Autre ordonnance du même jour.

nombre des 18 (1) proscrits au-delà du Rhin : vivant aujourd'hui sur le sol de la patrie, ils se livrent à leur honorable industrie et tous travaillent encore à la gloire nationale.

Ainsi, Messieurs les Députés, ceux qui ont été atteints par des jugemens ou des ordonnances ont eu la douce satisfaction, dans des temps plus calmes, de venir, les uns, purger leur contumace et invoquer la justice des lois ; les autres, embrasser leurs familles par suite du rapport des fatales ordonnances. Victimes des fureurs de la réaction, ils ont pardonné aux auteurs de leurs maux et nous pouvons nous énorgueillir de ne pas compter parmi eux un seul Coriolan. Ah ! si la France ne voit plus ses enfans forcés de courber sur une terre étrangère leurs fronts surchargés de gloire et d'infortunes, nous gémissons tous de voir que les hommes frappés par un ordre ministériel soient les seuls à qui justice n'ait pas encore été rendue. Eh ! quels sont ces hommes encore ? Tous trois également distingués dans les lettres ; tous trois l'orgueil de la patrie, tous trois enrichissant chaque jour notre littérature de leurs chef-d'œuvres.

____

(1) Troisième ordonnance du 24 juillet 1815.

L'un environné de tant de titres à la re-
connaissance nationale est exclu de l'institut
dont il a lui-même tracé le plan. C'est lui
qui, dans son zèle philantropique, osa, aux
risques de déplaire à l'homme le plus ombra-
geux et le plus jaloux de son pouvoir, soutenir seul contre tous l'indépendance des Noirs :
« Vous tiendriez, dit-il à ces Conseillers cour-
« tisans, un tout autre langage si vous chan-
« giez de couleur. » C'est en vain qu'on vou-
drait frapper cet évêque constitutionnel *d'in-
dignité*, accusation ridicule dont 25,000,000
de Français ont déjà fait justice. Dans le cours
de la révolution cet homme pur n'a cessé de
faire preuve de son sincère amour de philan-
tropie et de patriotisme. Il s'est élevé avec force
contre la peine de mort, et si, le 15 novembre,
on l'eût écouté, Louis XVI n'aurait pas porté sa
tête sur l'échafaud. Il a constamment défendu
la liberté des Noirs ; il a paralysé le bras du
vandalisme ; il a fait voter des sommes con-
sidérables pour encourager l'agriculture, le
commerce et les arts. On lui doit le Conser-
vatoire des arts et métiers, le Bureau des
longitudes qui a rendu de si grands services aux
sciences ; il a donné le plan de l'Institut, dont
il fut un des premiers Membres ; il avait pro-

posé de décerner des récompenses civiques aux traits de courage et de vertus. Toujours ennemi du pouvoir d'un seul, il fut toujours opposé à Napoléon, qui redoutait sa vertu et qui ne le nomma à la Sénatorerie qu'à la troisième présentation..... Le peuple alors ne se rebutait pas aisément..... Oui, les flatteurs de l'arbitraire doivent redouter ce vertueux citoyen, il est *indigne* de voter avec eux.

L'autre obéit sans murmure à l'ordre de l'exil; il va porter sur une terre étrangère sa gloire et sa misère, mais il ne sait pas transiger avec l'honneur; en vain le Ministre qui le proscrit offre de lui conserver son traitement de l'Institut, malgré son peu de fortune : « Non, lui répond-il, vous pouvez me proscrire, mais vous n'avez pas le droit de gâter mon malheur. » Fermant sont cœur à tout sentiment de vengeance, il travaille sur le sol d'exil à soutenir l'éclat de notre scène tragique et à l'embellir des productions de son génie. Il sait, son cœur le lui révèle, il sait qu'un jour rendu à ses compatriotes il doit leur prouver que si l'on fut ingrat envers lui, son cœur excuse et pardonne l'effervescence des passions; trop grand, trop généreux pour accuser sa patrie, il pleure l'égarement de quelques hommes, il cherche dans l'étude et la philosophie la force de supporter et ses propres infortunes et les malheurs qui menacent son pays.

Le troisième enfin, déclaré, par un Ministre, indigne de siéger à l'Institut, est reconnu par ses concitoyens digne de siéger à cette Chambre. Il est à la Tribune toutes les fois que la liberté publique est menacée : muet sur l'injustice dont il fut lui-même victime, il ne fait entendre sa voix que pour venger les infortunes des autres. Si le défenseur des proscrits, le soutien de la liberté, était digne de siéger comme il siège en effet à cette Chambre, l'auteur de tant de chef-d'œuvres dramatiques devait-il être exclu de l'Institut ?

Cependant, Messieurs les Députés, de tels hommes n'ont point encore obtenu la justice qu'ils méritent. Depuis quand les décisions ministérielles seraient-elles plus implacables que les arrêts des Cours prévotales ? Quoi! lorsque le Roi a rappelé en France ceux qu'il avait cru devoir en éloigner, lorsque les

Tribunaux ont fait justice et ont proclamé l'innocence, des Ministres seuls s'obstineraient à maintenir leurs propres arrêtés! Il suffirait d'avoir été réprouvé par une Excellence pour être à jamais stigmatisé et frappé d'une éternelle réprobation! Ce serait sous le Monarque le plus éclairé qui se soit encore assis sur le trône de France, que des savans dont s'honore la France se verraient ministériellement exclus de l'Institut? Ils ne pourraient plus s'asseoir sur des bancs où leur place est toujours vide, ils ne pourraient plus se retrouver au temple des Muses, parmi ceux qui furent leurs collègues et qui jamais ne leur refuseront ce titre? Nous n'osons, nous ne pouvons le croire, Messieurs les Députés, et vous penserez comme nous. Que reproche-t-on, que peut-on reprocher à MM. Grégoire, Arnault et Etienne? Ont-ils, par leurs écrits outragé la morale? Non, leurs écrits respirent la vertu la plus pure. Ont-ils outragé la religion? Non, leurs écrits sont pleins d'une douce philosophie; ils prêchent comme ils professent l'oubli des injures. Sont-ils mauvais citoyens? Non, ils sont l'objet de l'amour, de la vénération, de la confiance de leurs concitoyens; ils ont pour amis les personnages les plus recommandables ; pour admirateur tout le monde savant.

Me répondra-t-on qu'ils ont déplu à tel Ministre de 1816, qui a jugé à propos de ne pas les reconnaître assez *purs* pour rester à l'Institut ? Etrange prétention ! Appartient-il à un Ministre, qui d'ailleurs n'a laissé aucun souvenir flatteur, de s'établir juge en pareille matière ? La conséquence d'une solution affirmative serait trop dangereuse ; le corps le plus instruit et le plus indépendant par les principes mêmes de son institution se trouverait alors dans la dépendance d'un Ministre qui pourrait l'organiser à sa fantaisie et qui exercerait sur sa composition un pouvoir aussi illimité que celui qu'il exerce dans ses bureaux ; pour être académicien il ne faudrait plus désormais avoir des titres littéraires, mais avoir plu à Son Excellence par des courbettes, des votes, des missions secrètes, des dégrés de parenté, des dévouemens inconnus et mystiques. Les Membres de l'Institut ne pourraient plus compter pour titre de leur élection telle production de leur génie, mais seulement dire, « un tel fut Ministre en ce temps-là, il m'a nommé. » Hélas! tel qui le remplace peut vous dénommer.

Non, Messieurs, il n'en peut être ainsi, et si nul ne peut être distrait de ses juges naturels, MM. Grégoire, Arnault et Etienne, qui avaient été reçus membres de l'Institut conformément aux usages consacrés, ne pouvaient être reconnus indignes d'y siéger toujours par une Excellence étrangère elle-même à ce corps savant; en matière de sciences, et dans le fait en instance, ces MM. ne pouvaient et ne peuvent être jugés que par leurs collègues, tant qu'une condamnation légale ne les a pas flétris, ils ne peuvent être frappés extra-judiciairement. Cette décision a appelé sur eux l'attention universelle; chacun a voulu voir, connaître et étudier ces IMPURS qui excitaient le courroux d'une Excellence d'un jour, et l'on s'est convaincu qu'il n'est pas une nation qui ne se glorifierait d'avoir vu naître de pareils hommes, pas une académie, pas une société savante qui ne tiendraient à honneur de les compter en leur sein. Réparez, Messieurs les Députés, les tristes effets du ministère de cette époque désastreuse, et en écartant ma pétition ne consacrez pas une injustice.

Six ans se sont bientôt écoulés depuis ces temps d'affligeante mémoire, où tant de Français ont été victimes de leurs propres erreurs ou des erreurs des autres ; que l'union et l'oubli cicatrisent toutes les plaies ; que de nouvelles rigueurs ne viennent plus faire saigner nos cœurs ; qu'au contraire une justice réparatrice ramène peu à peu le calme, et qu'après tant d'orages et de secousses révolutionnaires, nous puissions voir s'éteindre à jamais l'esprit de discorde, de vengeance, de parti, de suprématie, de privilège ; nous sommes tous enfans du même sol, nos droits sont égaux, travaillons tous à maintenir la paix au dedans, et ne souffrons pas qu'aucun de nous se trouve victime de l'arbitraire ; ces sentimens sont aussi les vôtres, et ma confiance dans le succès de ma demande est fondée sur votre justice et votre loyauté.

Au nom des sciences, des lettres, de la gloire nationale, au nom même de votre dignité, je demande donc que MM. Grégoire, Arnault et Etienne soient rappelés à l'Institut.

Si dans notre pétition nous n'avons pas énuméré les droits de MM. Carnot, Seyès, Garat et autres académiciens frappés par la même ordonnance du 21 mars 1816, c'est que nous pensons que leur cause est la même, et qu'appeler votre attention sur une victime *de circonstance*, c'est l'invoquer également pour tous ; la justice ne peut être individuelle ; ces principes sont de toute éternité ; ils formeront la base de votre décision, comme ils ont aussi fixé ma pensée et guidé ma plume.

J'ai l'honneur d'être avec respect,

Messieurs les Députés,

Votre très-humble et très-obéissant serviteur,

BARTHÉLEMY,

Rue de la Lune, n. 18.

Paris, ce 25 Janvier 1822.

www.ingramcontent.com/pod-product-compliance
Lightning Source LLC
Chambersburg PA
CBHW061225050726
47594CB00008B/3811